| 박경희 시집 |

# 내 안의 불씨

재를 헤치며 일어나는 힘
그 불씨가 나를 살게 하는 이유가 된다
내 마음을, 내 삶을 오늘도 나는 내 안의 불로 걷는다

## 시집을 내며

　시를 쓴다는 것은 마음을 보이는, 맨살을 내놓는 부끄럼과 자신을 나타내는 색깔인 것 같습니다

　망설임 끝에 하나씩 들춰내어
　시집을 만들어 보았습니다
　어설픈 표현일지라도 내 마음을 표현하고자 했습니다

　망설이는 저에게 사랑과 용기를 채워주신 지구문학작가회의 문인님들께 감사드리며, 정진하여 더 아름답고 고운 글을 쓰도록 노력하겠습니다

　시집 출판에 용기를 주신 지구문학 대표님께도 감사드립니다

2025년 10월

박 경 희

## 차례

• 시집을 내며 · 7

## 1부 _ 그림자

불타는 가을비 ················ 16
봄의 길목에서 ················ 17
폭염의 기 ···················· 18
여름에 ······················· 19
가을의 풍선 ·················· 20
겨울의 멋 ···················· 22
보리굴비 ····················· 23
내 안의 불씨 ················· 24
고목에 꽃 피다 ··············· 25
겨울 장미 ···················· 26
능소화 연정 ·················· 27
그리움의 불꽃 ················ 28
그림자 ······················· 29
자귀나무 ····················· 30

• 작품평설/ 환경 생태적 감수성과 윤리의식의 성찰 _ 김재엽 · 113

# 2부 _ 가시 속의 꽃

| 느티나무 | 32 |
| 어느 일요일 | 33 |
| 익어가는 여름처럼 | 34 |
| 가을의 체온 | 35 |
| 내 안의 소리 | 36 |
| 가시 속의 꽃 | 37 |
| 단절 | 38 |
| 작은 꽃잎 | 39 |
| 누룽지 | 40 |
| 도라지 | 42 |
| 질경이 | 43 |
| 명자꽃 | 44 |
| 묵은김치 | 45 |
| 거울 | 46 |

# 차례

## 3부 _ 가을, 붉게 피다

오랜 친구 ····················· 48
봄············· 49
비밀················ 50
팥죽·············· 51
미역국···················· 52
새벽················ 53
겨울에 피는 꽃 ············ 54
첫눈············· 55
세월················ 56
바라산 휴양림에서 ·········· 57
김장하기···················· 58
제멋에 지는 꽃 ············· 59
가을, 붉게 피다 ············· 60
목련, 햇살 속의 미소·········· 61

박경희 시집 | 내 안의 불씨

# 4부 _ 여름이 남긴 것들

자귀나무, 분홍빛 깃털 ········ **64**
깊은 마음 ···················· **65**
눈물의 희비 ················· **66**
꿈························· **67**
전화벨 소리 ················· **68**
엘리베이터 안의 침묵 ······ **69**
장미꽃의 유혹 ··············· **70**
시골의 눈길 ················· **71**
추억의 앨범 ················· **72**
플라타너스··················· **73**
여름이 남긴 것들 ············ **74**
집고양이························ **76**
여름························ **77**
여름 장마 ··················· **78**

차례

## 5부 _ 기다리는 마음

수크렁 ················· 80
여름을 삼키다 ············· 81
온천 여행 ··············· 82
성급한 꽃망울 ············· 83
신발장 정리하기 ············ 84
인내 ················· 86
동심의 길을 따라 ············ 87
인사동 찻집 ·············· 88
기다리는 마음 ············· 90
추억의 일기장 ············· 91
잉어빵 ················ 92
불편한 마음 ·············· 94
제주의 하늘 ·············· 95
설레는 햇살 ·············· 96

## 6부 _ 열병

유클랍투스의 숲을 가다 …… 98
청보리 …………………… 99
겨울 장미 ……………… 100
열병 …………………… 101
생각 …………………… 102
가을이란 ……………… 103
여름날의 망상 ………… 104
변덕 …………………… 105
새 옷 …………………… 106
체중 …………………… 108
친구 …………………… 109
겨울의 맛 동태 ………… 110
초록빛 마음 …………… 111
그리움이 피는 계절 …… 112

한 발자국 내디딜 때마다
그림자가 숨을 삼킨다
아프지 않냐고
내 마음을 먼저 묻는 듯

– <그림자> 일부

# 1부

# 그림자

불타는 가을비/ 봄의 길목에서
폭염의 기/ 여름에/ 가을의 풍선/ 겨울의 멋
보리굴비/ 내 안의 불씨/ 고목에 꽃 피다/ 겨울 장미
능소화 연정/ 그리움의 불꽃
그림자/ 자귀나무

## 불타는 가을비

메마른 가슴을 깨우며
붉게 타오르는 가을비가 내린다

떨어지는 빗방울마다
그리움이 피어오르고
젖은 길 위로 열정이 번진다

가랑잎은 불빛에 반짝이며 춤추고
내 발끝은 리듬을 따라 흔들린다

심장을 두드리는 빗소리 속에
나는 밤을 걸으며
사랑처럼 뜨거운 비에 젖는다

## 봄의 길목에서

봄은 바람으로 스쳐
살며시 스치는 숨결처럼
조용히 그러나 뜨겁게 다가와
잠든 마음을 흔들어 깨운다

바람 한 줄기에도 가슴이 뛰고
햇살 한 조각에도 미소가 번진다

지난해 묻어두었던 소망들도
이 봄엔 꽃잎처럼 피어나리라

사랑이든 그리움이든
모두 이 길목에서 다시 타오르리

## 폭염의 기氣

한낮 뜨거운 열기
기세가 등등하다

아스팔트는
뜨거움을 견디지 못해
비명처럼 일렁이고

공기마저
뜨거운 숨을 토해낸다

저 멀리
햇살이 아른거리는 길 위에
여름이 온몸으로 타오른다

# 여름에

바람이 돌고 돌아 쉬어가는
조그마한 돌구멍에

파도가 넘실대다
바위틈에 숨어들면

놀란 작은 게 한 마리가
몸을 감췄다

비릿한 냄새 짭조름한 미역
울퉁불퉁 검은 바위에 기대어
여름의 소리를 들었다

멈춰버린 시간
흔들리는 마음

비로소
긴 푸념을 뿜어낸다

# 가을의 풍선

간지럽게 살랑대는 바람이
날 조롱하듯 무슨 일 있었냐
바람이 내게 묻고
무기력했던 여름
괜히 이래저래 핑계로
모든 걸 미루었다

어제는 지나갔고
생각하면 뭐하냐고
공연히 흔들어 어지럽게 하지 말자고
내일도 미리 꾸미지 말고
내버려 두라고

가을이 오면
난 마음이 부풀어 풍선이 되지
맘대로 둥실둥실 떠오르다가 멈추면
정신이 아찔해진다
그러다가 서서히 제자리로 돌아오면
피식 웃게 된다

아무렴 어떤가
이 좋은 가을인데

다시 시작하는 마음으로
삶에도 고운 색깔을 입히면서
난 터지지 않는 풍선이 되고 싶다

# 겨울의 멋

추워야 맛이 난다
매서운 바람과 눈발
겪어본 지 오래이다

어릴 적 많이 추워했던
기억이 새롭다

온갖 무장하듯
겨울을 싸매고 있다

추운 바람도
옛 바람이 아니다
겨울나기 참 쉽다

손 시려워 하던 일
군고구마 호호 불던 일
지금은 맛이 다르다

겨울을 난다는 것은
인내가 아니라
멋을 내는 일이 되었다

# 보리굴비

점심 밥상에
보기 좋게 구워 나온 굴비
적당히 가미한 것이 입맛을 돋군다

저장이 어려웠던 시절
새끼에 꼬아 매달아
하나씩 뽑아 먹던 그 시절이 생각난다

짜게 절여
조금씩 먹던 귀한 시절

인색한 사람을 빗대어
자린고비라 하였지만
지금은 슴슴히 구워져 밥상에 오른다

시골 가면 벽에 걸어져 있던
굴비 새끼 꼬임을
이젠 냉동실에서 만난다

변하지 않은 것은
맛있는 굴비라는 것

# 내 안의 불씨

긴 겨울을 지나 다시
타오르는 불빛 하나
꺼질 듯 사라져도
스스로 길을 밝힌다

가슴 깊은 어둠 속
바람이 몰아쳐도
지지 않는 불씨 하나
나의 가슴으로 달려든다

언제나 어디서든
꺼지지 않는 그 불씨는
세상에 보내는 따스한 빛

재를 헤치며 일어나는 힘
그 불씨가
나를 살게 하는 이유가 된다

내 마음을, 내 삶을
오늘도 나는
내 안의 불로 걷는다

## 고목에 꽃 피다

세월의 흔적을 몸에 새기며
바람의 아픔도 참아내더니
장하다
찬란하게 빚어낸 모습

몸통에 손을 얹으니
세월의 아픔이런가
파르르 떨림소리

하늘을 향한 곧은 팔 나무는
애써 울음을 참는다

# 겨울 장미

추운 겨울 어느 날
여름에 심어놓은
화사한 장미가

바위틈에서
웃는 모습으로
나를 반겼다

눈이 오는 날엔
하얀 눈 보송이 모습으로
파르르 떨리듯
나에게 다가왔다

그 모습에 반해
해마다 틈틈이
빨강 장미를 심었다

햇빛에 반사된 고운 빛깔은
나의 외로움을 감싸듯
포근하게 다가오니
겨울이 이렇게 긴 줄 몰랐다

# 능소화 연정

꿈속에서
그대를 보았지요

한결같이 그대는
설레임이었소

눈빛 마음빛까지
겹쳐보았다오

무슨 말이
필요할까요

그대는
아마 내 사랑인 듯
가슴에 품으리다

## 그리움의 불꽃

자색 목련 잎이
밤새 그리움에 타올라
아침을 연다

삶의 무게를 잠시 내려놓고
하얀 햇살 속에
깃털처럼 가벼운 마음으로
그리움을 품는다

타오르듯 피어오른
그리움의 향기
오늘도 내 영혼을 흔든다

# 그림자

아무래도 밟고 지나가야겠다
노란 은행잎 따라
저물어 가는 길 위를 걷는다

한 발자국 내디딜 때마다
그림자가 숨을 삼킨다
아프지 않냐고
내 마음을 먼저 묻는 듯

바람은 금빛으로 흩어지고
그림자도 은행잎 따라
나를 따라 멈춰 선다

## 자귀나무

낮에는 서로 떨어져
세상 일 다 하고
밤에는 두 잎 겹쳐져
쉬는 듯 자는 듯

그 모습 정겹다
금실 좋은 부부 같아라

여름날 찬란하게
피운 꽃대를 올리니
흔들어 유혹하는 손짓처럼

붉은 꽃의 뜨거운 사랑인지
눈부신 화려함은
극락의 세계 아닐까

# 2부

# 가시 속의 꽃

느티나무/ 어느 일요일
익어가는 여름처럼/ 가을의 체온/ 내 안의 소리
가시 속의 꽃/ 단절/ 작은 꽃잎/ 누룽지
도라지/ 질경이/ 명자꽃
묵은김치/ 거울

## 느티나무

나무는 그 자리에서
백 년을 바라보고

나뭇잎은 부스러져
흙 속에서 자양분이 된다

나무에 기대어
오지 않는 시간을
꿈꾸어 본다

# 어느 일요일

더웠던 여름날
울타리 장미가 예쁘게 반기던
수양리의 한 지인을 만나며

아파서 얼굴이 여윈 얼굴은
하얀 백합처럼 창백해 보였지만
웃음을 잃지 않고 반겨 주었다

청국장 보리밥에 점심을 한 후
고추 상추를 한 보따리
챙겨주며 대접하던 그 손길

낭랑하던 목소리
이제는
가녀린 음성으로 다가왔다

문 앞의 백구와 늘어진 줄 장미
아름답게 핀 능소화를 생각하며
다시 만날 날에 기다림은
아련함으로 남는다

## 익어가는 여름처럼

옥수수가 영글어 가는 여름
나이를 먹어도 철없는 사람들

소중한 인연도 지나치고
매미 소리 가득한데

때를 모르는 철없는 마음
욕망은 거품이 되어
기억 속에서 사라져 버린다

익지 않는 마음
다스리는 7월의 여름날

# 가을의 체온

떨어지는 가랑잎
이제는 낙엽이 아니라
눈물 같다

한여름 짙게 피던 잎들도
바람의 고난 앞에
끝내 견디지 못하고
허공 속에 타오르듯 흩어진다

길바닥을 스치며
청소차의 무심한 빗자루에
쓸려가던 그 잎들

남은 건
젖은 눈물의 흔적
허무 속에 피어난
가을의 마지막 열정

## 내 안의 소리

똑똑
"누구세요?"

희망이 부르는 소리에
화들짝
내 마음이 깨어난다

갇혀 있던 어리석은 생각들을
조심스레 풀어내며

접혀 있던 희망을
다시금 펼쳐본다

## 가시 속의 꽃

삼각형 잎사귀의 가시가
살갗을 스치면
따끔한 상처로 남는다

미움과 원망의 흔적도
꽃망울 속에 담겨
흔적처럼 피어난다

그 한은
전설 속 시간을 지나
조용히 약초가 된다
치유와 기억이 섞인
묵직한 생명의 흔적

# 단절

하루가 끝나가는 저녁
다시 시작하는 일이 있다

저녁밥 먹고 돌아서는
쉬어야 할 시간에
일기 쓰듯 하루를 마무리한다

꽃도 지는 저녁에
안부 물을 일이 있었던가

울리는 휴대폰 소리
미련 없이 끄고 잠든다

하루는 여기서 놓는다
아쉬움도 접는다

## 작은 꽃잎

무심히 지나치다
발견한 작은 꽃잎

이름이야 알 수 없지만
꽃몽우리 여려 개 겹쳐
피어있는 모습에

화들짝 놀랐다
이렇게 작은 꽃잎이
만개하도록 몰랐다니

날 봐주세요 하듯

그렇구나
숨어있는 보물 발견하듯
반가웠다

# 누룽지

가마솥의 누룽지
먹어본 지 언제던가

그 옛날
가마솥 걸고 밥 지어
나누어 먹던
순박한 시절

긁어모은 누룽지는
별미였지만
가난한 사람들은
귀하게 끓여 먹었다

장작불 지펴
밥하던 시절 가고
세월 지나
어렴풋이 기억나는
오래된 기억

지금은 여러 가지로
맛을 자랑하니
귀한 누룽지여라

# 도라지

연보라 푸른 흰 고운 꽃
풍선으로 맺은 꽃눈

나팔꽃처럼 벌어지니
다섯 갈래 부끄러움

따뜻한 애정
영원한 사랑으로

수줍은 자태
새색시 마음

원뿔 뿌리 맵고 쓴맛은
짝사랑의 아픈 꽃말

그래서 가슴의 병도
다스려지다

# 질경이

들길 따라 파수꾼처럼
길목을 지키는 너

내 어머니처럼 질경질경
인생의 고난을 잘 이겨내는 삶

나그네 발길에
씨앗은 멀리멀리
생명을 퍼뜨리고

가느다란 실 줄기
밟히고 밟히면서도
유연함으로 지켜내는 끈기

은은한 빈터
채워주는 존재감

# 명자꽃

옹기종기 꽃망울
겹겹이 접힌
숨은 나뭇가지에

속삭이는
명자꽃 봄 이야기

누가 들을세라
누가 볼세라

은은한 고운 빛깔
빨강 잎은
사랑의 봄날이어라

## 묵은김치

햇배추 잎 보며
새로운 맛에 길들어지기 전
묵은지가 생각난다

오래 묵혀두었던 통에서
김치를 꺼낸다
냄새가 강렬하게 코를 찌르지만
곧 익숙해지는 깊은 맛이다

겨울엔 새로운 내년을 위하여
먼저 묵혀두었던
묵은지야말로 겨울 맛이다

또 한 번의 묵은지를
꺼내며 겨울을 보낸다

# 거울

오늘도 변함없이 보여주는
낯설지 않은 얼굴

표정도 똑같이 보여주는
익숙한 얼굴
때로는 어두운 모습도 보여주는
그대로인 얼굴

거울 아니면 보여줄 수 없는
진실함이 있었네

# 3부

# 가을, 붉게 피다

오랜 친구/ 봄/ 비밀
팥죽/ 미역국/ 새벽/ 겨울에 피는 꽃
첫눈/ 세월/ 바라산 휴양림에서/ 김장하기
제멋에 지는 꽃/ 가을, 붉게 피다
목련, 햇살 속의 미소

# 오랜 친구

오랫동안 소식 없던 친구가
연락을 해 오면
반가움보다는 걱정이 앞선다

그동안 무슨 일이 있었나
걱정 반 반가움 반

사는 것에 대한
그러려니 하는
별일 없이 지나치는 마음

오랜 친구이다

# 봄

새살이 돋듯
고개 내민 봄

세상의 비밀을
말하려나 보다

기웃기웃 어느새 경쟁하듯
밀어내는 꽃망울

세상의 이치를
알기나 한 듯

차례로 숨죽여
고개를 든다

봄의 희망이
여기에 있었구나

# 비밀

이건 비밀이야
말하는 순간
비밀은 없어진다

꼭 말하고 싶은 비밀은
참지를 못하는 것이다

세상에 비밀은 없다고
모든 사람이 말해도
비밀은 이상하게 지켜지지 않는다

말하고 싶어도
말하지 말고 참으면 안 되는 일일까

오늘도 사람들은 말한다
이건 비밀이야…

또 한 번의 비밀이
껍질을 벗어 버린다

# 팥죽

새알 동동
팥죽에 묻힌 옹심이

겨울에 먹는
동지 팥죽은

귀신을 쫓아낸다 하여
해마다 동지 때
팥죽을 먹게 된다

어릴 적
팥죽할멈 귀신 이야기로
날밤 새우곤 하였지

뜨거운 팥죽
옹심이 골타 먹다
하루해 다 간다

# 미역국

바다 냄새가 가득한
미역국을 끓인다

섬 지방에 놀러 갔을 때
아침 일찍 빈속을 채워준
뽀오얀 국물의 미역국

그때
조개 넣어 맑게 끓여 나온
미역국이 생각난다

아이 낳아 먹던 미역국은
엄마의 마음으로
따뜻했지만

지금은
추억의 바다 냄새로
코가 찡해져 온다

# 새벽

밤새
고달픈 일들로
쉬어가는 밤에

아침을 기다리며
툭 던지는 신문 소리에
새벽잠을 깨운다

눈이 내려도
비가 내려도

새벽을 알리는
신문 던지는 소리에

접혀진 신문 펼치며
선잠을 깨운다

## 겨울에 피는 꽃


추운 날씨에
활짝 핀 꽃

인내와 고통을
잘 견디어 내는 겨울의 꽃

가련한 몸짓에
몽우리 여러 개 품고
웃고 있었다

희망의 전달인가
묵묵히 답하는 겨울의 인사

# 첫눈

온 세상을 덮을 듯
첫눈이 내린다

마음의 어두움도
밝아지게
첫눈이 내린다

무거운 발걸음
지치지 않게

순백의 마음으로
눈길을 걷는다

## 세월

간지럽게 살랑대는
바람이 나에게 묻고 있다

그 너그럽던 마음
어디로 갔을까

삶에 지친 모습은
보이지 않으려 해도
아는 것을

부드러운 손길도
아쉽기만 한 세월
마음도 정지된

그대로인 것을

# 바라산 휴양림에서

이러쿵 저러쿵
밤새 친구들이 모여
긴 긴 이야기하느라
시간 가는 줄 모르더니
날밤을 새웠네

저마다 하고 싶은 얘기
꼭꼭 숨겨놓았는지

까르르 까르르 웃음소리
아침이 되어도
끝나지 않았다

마침내
바라산의 나무가
부르르 잎사귀를
흔들어 떨군다

휴일은 바라산 자락 끝에
웃음소리로 남겨 놓았다

# 김장하기

쉬어도 좋으련만
마음이 허락하지 않아
이번 겨울도 담궈야 하는 김장

양념 골고루
무엇을 넣어야 최고의
맛이 될까
또 궁금해진다

반드시 넣어야 하는 젓갈도
적당히 감미하여
감칠맛으로 만들어내는 비결

해마다 찾아오는 김장은
누구도 흉내 낼 수 없는 맛으로

또 한 번의 작품을
만들어낸다

## 제멋에 지는 꽃

봄날
산길에 핀 도라지꽃

연보랏빛 미소로
살며시 웃다가
하얗게 터져
소리 없이 웃는다

부끄럼 감추고
자연스레 제멋에
피고 지는 도라지꽃
봄 햇살 속에서
오늘도 그렇게
조용히 빛난다

## 가을, 붉게 피다

단풍나무에 불이 붙었다
벌겋게 타오른 단풍잎이
길 위에 수북하게 쌓인다

아가야
가까이 가지 마라

불길 속을 스치듯
조심스레
옷에 불이 붙는다
가을의 뜨거운 숨결처럼

잎마다
타오르는 열정과
짧게 빛나는 생의 온도를 담아
오늘도 가을은 불타고 있다

## 목련, 햇살 속의 미소

목련 꽃봉오리가
밤새 앓고
숨죽인 채 기다리더니

이른 아침
쏟아지는 햇볕 한 줌에

벙싯벙싯
조용히 미소를 띠며
자줏빛 목련꽃이 피었다

고요 속
햇살과 꽃이 맞닿는 순간
오늘도 봄이 웃는다

파도가 흔적을 지우고
뜨겁던 더위는
지루함 속에 숨었다가
한순간 사라져 간다

시간 속에 허무함을 껴안고
서툴게 또 세월을 보낸다

- <여름이 남긴 것들> 일부

# 4부

# 여름이 남긴 것들

자귀나무, 분홍빛 깃털
깊은 마음/ 눈물의 희비/ 꿈/ 전화벨 소리
엘리베이터 안의 침묵/ 장미꽃의 유혹/ 시골의 눈길
추억의 앨범/ 플라타너스/ 여름이 남긴 것들
집고양이/ 여름/ 여름 장마

## 자귀나무, 분홍빛 깃털

어느 7월
맑게 내리쬐는 햇살 속

자귀나무에
깃털 같은 분홍빛이
살며시 내려앉고

새 두 마리가
사뿐히
그 위에 머문다

금실 좋은 부부처럼
서로 기대어 핀
자귀나무꽃
햇살 속에서
조용히
사랑을 속삭인다

## 깊은 마음

말하고 싶어도
말하지 않는 마음이 있다

깊은 바닷속의
잴 수 없는 길처럼

마음속에도
터널이 있다

자식의 고통을
스스로 안고 사는 부모처럼

말할 수 없는
깊고도 깊은 마음이다

## 눈물의 희비

슬퍼서 울지만
기뻐도 흘리는 눈물

놀라서 흘리는 눈물 속에
교차되는 아픔이 있다

매일 기쁨이 올 수 없지만
자주 눈물 흘림은
마음이 약해졌다는 것이다

가슴 벅찬 눈물을 흘려 본 적이
몇 번이나 있었나
생각해 본다

# 꿈

모든 세상이
다르게 보인다

어느 날 꿈속에서
하늘을 날았다

이루고 싶은 소망이
꿈에서 이루었다

보이지 않았던 세상이
펼쳐 보였다

아마도 난 꿈꾸는
나비인지 궁금해진다

## 전화벨 소리

따르릉
집안의 전화가 울리던 날

누구일까 궁금해
수화기를 들었던 때

전화벨 소리는
침묵을 깨는 일

받을까 말까
상대의 얼굴도 확인할 수 있는 요즘

알 수 없는 긴장감도 드는
전화벨 소리이다

## 엘리베이터 안의 침묵

숫자가 올라간다
딩동딩동

말 없는 시간이
길기도 하다

침묵의 시간이
멋쩍어 숫자만 본다

괜히 시계를 들여다보며
기침도 짧게 해 본다

오늘따라 긴 시간
엘리베이터 안의 숫자
올라가는 게 힘들다

## 장미꽃의 유혹

꽃다발 한 아름
빛깔도 고운 장미꽃

붉고 흰 테두리의
신비한 모습

한 다발 끌어안고
마음도 밝아졌네

나를 봐 주세요
유혹하는 모습인 듯

향기에 취해
나를 잊고 있었네

## 시골의 눈길

사락사락
눈이 오고 난 후
시골의 눈길은 즐겁다

발걸음 조심히
반들거리는 눈길 따라
발자국 확인하며
춤추듯 묘기도 부려 본다

어느 사이
뛰어드는 삽살개가
함께 가자는 듯

꼬부랑 눈길을
먼저 앞장선다

## 추억의 앨범

이젠 퇴색해 버린
지나간 추억의 앨범을
만지작거리며
홀로 외로워졌다

추억은 남는 것인가
남기는 것일까

부모님의 얼굴도
친구들의 얼굴도
변해 버린 지나간 시간들

낡은 앨범 뒤적거리다
괜히 마음만 울적해졌네

사진을 남겨야 하나
이젠 앨범도 친구가 아닌 듯
마음만 쓸쓸해진다

옛날의 나를 기억하니
희비가 엇갈린다

# 플라타너스

바스락
너를 밟는다
추억이 부서지는 소리

늘 가던 길인데
나를 덮어주던 너

무심한 내가
너무 지나쳤나 보다

철이 든다 나처럼
그래서
너도 아이처럼
푸르구나

# 여름이 남긴 것들

지나간 여름은
마치 잊혀진 일처럼
조용히 그리움으로 남았다

언제나 곁에 있을 줄 알았던 친구도
세월 앞에선 잠시였음을
우린 너무 늦게 알게 된다

파도가 흔적을 지우고
뜨겁던 더위는
지루함 속에 숨었다가
한순간 사라져 간다

시간 속에 허무함을 껴안고
서툴게 또 세월을 보낸다

여름은 언제나
사랑하던 날들과
지나쳐 간 친구들

그리고
가슴에 남은
작은 흔적 하나로
이젠 기억 너머에 눕는다

## 집고양이

눈부시게 하얀 털과
눈빛 고운 예쁜 고양이가
나를 기쁘게 한다

문소리 기척이 나면
으르렁거릴 줄도 아는
참으로 기특하기도 한 집고양이

외로움도 타는 듯
반가워하고 아는 체도 하니
심심하지 않다

세상에 태어나
이런 인연도 있으니
참으로 소중하게 느껴진다

매일 눈 맞춤으로
소통을 하니
즐거운 일이 되었다

# 여름

타오르는 태양 아래
땀보다 뜨겁게
흐르는 욕망

붉은 정열은 숨길 길 없고
바람마저 탐욕을 속삭인다

이 계절 멈추지 않는
욕심도 사랑도
모두 태워 버릴 듯

불같은 여름의 심장으로
너에게, 나에게 달려든다

# 여름 장마

지루한 장마가
여름을 다 보내려는 듯
뜨거운 햇빛마저
가리개로 막듯 비가 내렸다

끈적거리는 살갗은
쾌적함이 사라지고

쏟아지는 빗줄기에
흙탕물이 도랑을 친다

그래도 비켜 갈 수 없는
사연인 듯
빗줄기는 더욱 거세지고
여름을 흔들어댄다

# 5부

# 기다리는 마음

수크렁/ 여름을 삼키다
온천 여행/ 성급한 꽃망울/ 신발장 정리하기/ 인내
동심의 길을 따라/ 인사동 찻집/ 기다리는 마음
추억의 일기장/ 잉어빵/ 불편한 마음
제주의 하늘/ 설레는 햇살

## 수크렁

살갗을 간질이는 수크렁
가을이 간다고 흔들흔들

파릇한 모습이 갈색 인사로
휘청거리고 있다

지나가는 사람들 구경하며
약 올리는 듯
흔들어대고 있다

간질간질 흔들흔들
그 모습 얄밉구나

## 여름을 삼키다

칡 내음 싸하게
입안에 전해질 때
여름은 찾아오고

나뭇잎들은 무성하게
약속이나 한 듯

초록빛 세상으로
큰 기지개를 켜는 7월
궁금하여
칡뿌리 씹어 본다

## 온천 여행

추운 날에야 생각나는
따뜻한 온천이 떠올랐다

김이 뽀얗게 시야를 가리던
온천에 발을 담그던 날

뜨거운 불에 달걀도 넣고
삶아지던 온천물은
여러 가지 피곤함도 없애주는
명약 같았다

계절 유행 독감이 계속되어
잊혀져 가는 온천 여행이
슬슬 그리워진다

이번 봄에는 갈 수 있으려나
괜히 달력만 뒤적여 본다
기다려지는 온천 여행이다

## 성급한 꽃망울

눈 덮인 땅이 녹아들고
물기마저 사르르
스며드는 기다리는 땅

서둘러 봄 단정이
시작되었는지
꽃망울이 터졌네

성급하기도 하지
아직은 멀기만 한 봄인데
기다릴 줄 모르니

아마도 급한 건
내 마음 같아라

급하게 터진 꽃망울
얼어버릴까 봐 조바심에

가슴이 콩콩

## 신발장 정리하기

어둡고 습한 곳에
언제 열어주나 기다리다

문이 열리면 뛰쳐나올 것 같은
가지런히 누워있는
구두와 운동화들

모든 애환을 같이 겪어냈던
분신 같은 존재들이다

때론 구박받아 서슴없이
재활용통으로 버려진다
아끼다 신지 못했던 예쁜 구두도
사이즈가 줄었는지 맞지 않았다

커피 향 레몬 향 습기제로
사이사이 넣어둔
어두운 곳에서

미처 발견하지 못한
예쁜 운동화가
나를 신어주세요
웃고 있었다

정리하지 못한 신발장
이유가 또 있었다

# 인내

하얀 속살을
감추고
또 감추다 밀어낸 자태

숨죽이고 참는 깊은 속내
세포들이 춤춘다.

끊임없이 발산되는
푸름을 이겨내는 붉은 빛

붉고 하얀 얼굴에
희망의 촉수가
부끄럽게 밝아진다

## 동심의 길을 따라

어릴 적 친구를 만나면
나이를 들어도 어린아이처럼
웃음도 해맑다

코 흘리던 시절
바지에 오줌 내리던 일
기억하는 내가
친구는
좋다고 한다

어느 사이 머리카락 희끗희끗
늙어가도 우리는 어린 마음

기억 속에 남아 있는
어릴 때의 모습만 남아 있다

어릴 적 친구를 만나면 좋다
마음도 어려지기 때문이다

## 인사동 찻집

인사동에 가면
찾게 되는 찻집이 있다

쌍화탕에 계란 동동 올린
인삼뿌리도 살짝 올린
풍미 깊은 한방차

언제부터인가
한 번 맛을 보게 된 후
인사동에 가면
꼭 들르게 된다

소문에 소문을 입어선지
분위기 좋은 여러 군데가
생겨났다

이젠 젊음의 거리에도
쌍화차에 단팥죽을 판다

인사동에 가면
잊지 않고 들르는 찻집
언제 가도 정겨웁다

## 기다리는 마음

기다림은 지루하다
막연한 기다림은
마음을 어둡게 한다

오지 않는 사람을
기다린다는 것은 더욱
마음을 다치게 한다

약속되지 않은 기다림은
막연한 시간을 보내는 일이다

기다림에 익숙해지는 일은
혼자만의 약속이다

# 추억의 일기장

오래된 공책 하나
잊혀져 버린 세세한 일들이
기록된 빛바랜 일기장

물건값도 보이고 일기에는
수십 년 전의 추억이
적혀 있었다

버리려고 하다가
다시금 읽어보는 글들
꼼꼼히 쓰기도 했던 글들이
남아 있는 기억을
되살린다

기억하고 싶지 않은 일들도
쓰여져 있어 구겨져 있던
추억의 일기장

버리자니 망설여지는
일기장이다

## 잉어빵


붕어도 아닌
잉어빵이란다

줄지어 서 있길래
뭔 일인가 하였더니

김도 모락모락
따끈한 잉어빵이
누워있었다

오래 전엔 붕어빵
지금은 잉어빵
도망간 붕어를 놓쳤나 보다

서민들의 간식을 대표한
잉어빵을 나도 기다려
줄을 섰다

길거리 포장마차에서

탁탁 튀겨 나오는
잉어빵을 기다리자니

마음은 어느새
어린아이가 되어버렸네

## 불편한 마음


해야 할 일이 쌓여
마음을 무겁게 한다

모르고 지날 일도
괜히 참견하여
숙제를 만드는 날이 있다

하루도 짧은데
할 일이 많고
마음은 어수선하다

불편한 마음에
괜히 이것저것 만지작거리다
하루가 가 버렸다

마음을 쓰다듬듯
정리해 본다

# 제주의 하늘

하늘인 듯 바다인 듯

푸르게 열린 하늘에

학의 날갯짓 같은

새털구름이 부시다

## 설레는 햇살

들락 말락
잎사귀마다 간질이는 햇살

미칠미칠
웃음 반 울음 반 실성이는 햇살!

바래진 이파리마다
설레는 햇살!

뜨거운 눈짓
잎맞춤하는 몰래한 사랑!

비밀한 사랑!

# 6부

# 열병

유클랍투스의 숲을 가다
청보리/ 겨울 장미/ 열병/ 생각/ 가을이란
여름날의 망상/ 변덕/ 새 옷/ 체중/ 친구/ 겨울의 맛 동태
초록빛 마음/ 그리움이 피는 계절

## 유클랍투스의 숲을 가다

대륙에서 뚝 떨어진
오래된 땅

은빛과 붉은 땅
초록의 눈부신 숲에
호흡을 길게 하며 빠져들었다

새소리 청량하고 바람의 숨결을
모아 듣는다
이 땅의 모든 숨 쉬는 것들이
멈추듯 고요하다

이 땅을 밟으며
작은 움직임 소리를 듣노라면
가슴이 후련해져 온다

상큼한 내음
초록의 그림자에
몸을 뉘인다

## 청보리


초록 물결 넘실대는
5월의 청보리밭

하늘을 향해
반항하듯 날을 세운 청보리

눈도 마음도 시원해진
푸르른 청보리밭

바라보고 있으면
가슴속 깊이
푸르게 푸르게 물들어

## 겨울 장미

여름에 심어놓은
빨강 장미

눈이 오는 날엔
하얀 눈 보송이로

모든 꽃들이
잠든 때

그윽한 향기로
내게 포근히 안긴

겨울 장미

# 열병

뜨거운 사랑을
가슴에 끌어안고

미처
태우지 못한 가슴앓이로
세상을 본다

지독한 그리움이여
어쩔 수 없는 열병앓이

## 생각

요즘 나는
파아란 하늘만 보인다

아무런 생각 없이
바라보는 하늘엔
새털구름이 떼지어 날고 있다

깃털을 흩뿌리며 나는
새들의 노랫소리를 들으면
이 세상 부러울 게 없어진다

번민은 누구의 몫이냐

살아있다는 것이
눈부시게 아름다운

# 가을이란

긴 여행 끝에
다다른 종점
부서져 내리는 햇살에
잠시 등을 맡긴다

가을이란
미련 없이 떠나는
여행자의 몫처럼
그저 쓸쓸하다

## 여름날의 망상

옥수수
야물게 익는 여름
세월에 익어온 중년

한나절
울음 깊은 매미 소리
욕망을 실어낸다

초록 바람 스쳐 간 자리
마른 갈색 주름이
시간의 수레에 끌려
삐걱삐걱

따가운 태양에
깊어지는 여름

# 변덕

아침에 일어나기 힘들 때
변덕이 꿈틀거린다

빨리 일어날까
조금 더 있다 일어날까

하루의 시작은 일어나서인데
밤사이 변덕이 생기면
이불자락 끌어안고 변덕에 씨름한다

세상의 변덕은 많이 있지만
마음 쓰기 변덕은 어디서 올까

괜한 게으름 때문에
마음만 늘어져 어수선해졌다

변덕은 나만이 누리는
쓸데없는 게으름이다

# 새 옷

옷 정리를 한다

계절마다 옷장 안은
가득 찬 옷으로 시위 중이다

나를 입어주세요, 하듯
구석에 끼어있는 옷들의
신음이 들리는 듯하다

어쩌자고 이리 많아졌을까
손길 한 번 갈 때마다
햇빛 보듯 옷들이 숨을 쉰다

살아서 입을 옷들을
다 입지 못하고
쌓아둔다고 한다

새 옷은 따로 없다
다시 꺼내 입는 옷들에

감사해야 하는 마음으로
옷 정리를 한다

새 옷은
마음에 입히는
새로운 기분의 덧칠이다

# 체증

가벼운 몸살이다
급한 건 마음인데
몸이 제일 먼저 눈치챈다

천천히 또 천천히
매사 좀 천천히 해도
괜찮을 터인데

급하게 먹는 밥이 체하고
서둘러 꿰는 바늘도
제자리를 잃는데

뭐가 급했을까
매사 서두르다 체한다

오늘도 자신에게 말한다
천천히 천천히

또 가슴을 쓸어내린다
무거운 체중이다

# 친구

봄은 매번
처음처럼 설렌다

함께하는 봄은
특별하게 다가온다

햇살 따사로운 봄날
우리의 만남은

행복의 한 조각이다

## 겨울의 맛 동태

겨울엔
뭐니뭐니 해도

뜨겁고 시원한
매운 동태탕이
최고이다

추운 날씨에
꽁꽁 언 동태 두 마리를
다듬어 사 왔다

콩나물 무를 넣고
얼큰하게 고춧가루 넣어
한소금 끓여내니

별미가 따로 없네
겨울엔 싸고도 맛있는

동태 사랑이다

## 초록빛 마음

나무를 보다
그 기상에
소리를 맘껏 지르고 싶다

마음을 어디에 담아둘까
시간 가는 소리
가슴에서 크게 들렸다

심장 소리 쿵쿵
아직도 동심이 남아 있어
초록빛 바다에
마음을 숨기었다

## 그리움이 피는 계절

목련꽃
인사할 틈 없이
비바람에 흩어지니
왠지 애처롭고 서글픈 마음

다시 볼 날에
벌써부터
그리움만 가득하다

| 작품평설 |

# 환경 생태적 감수성과 윤리의식의 성찰
— 박경희 시집 《내 안의 불씨》의 시 세계

### 김 재 엽
문학평론가, 『지구문학』 발행인

## 1. 들어가면서

　AI 첨단산업사회의 한복판에서 제조업 강국으로 우뚝 자리한 우리나라, 그런데 문명의 역기능이라 할 만큼 환경 생태의 급격한 변화와 기후변화로 인해 발생하는 자연재해가 대형화됨으로써 우리 인간의 생존권이 크게 위협을 받고 있는 것 또한 현실이다. 특히 북극을 통과하는 뱃길이 조만간에 열릴 만큼 빙산이 힘없이 부서지며 녹아내리고 있어 지구의 생태 환경은 감내하기 힘든 변화를 겪고 있는데 역설적이게도 경제적으로는 엄청난 부가가치가 창출될 것이라고 하니 미래의 지구 변화를 어떻게 받아들여야 할지 혼란스럽기만 하다.
　이렇듯 지구 환경이 급격히 변화되는 와중에 2000년대 중반에 우리『지구문학』(2005년 가을호)을 통해 시인으로 등단한 고려대학교 이학영 박사께서 물고기를 비롯한 지구 생태 환경의 급격한 변화에 관심을 갖고 생태 환경운동을 본격적으로 벌이기 시작했다. 환경운동연합 자문위원으로서 생태 환경 칼럼을 경향 각지에 발표하고 고려대학교 평생교육원에 생태문학작가 아카데미를 개설하여 교육과 함께 문학운동으로서의 지평도 넓혔다. 이즈음 『지구문학』으로 등단하며 인연을 맺은 박경희 시인께서 고려대학교 생태문학작가 아카데미를 수료하고 한국생태환경연구원 협력이사로서, 또 자연생태환경 전문가로서 한국생태문학회 작악회의 일원으로 '민들레사랑'을 작시하여 예술의전당 콘서트홀에서 발표하기도 하며, 생태 환경과 관련 깊고, 사계절 변화에 민감한 자연시 등을 창작하여 꾸준히 발표해 왔다.

본고에서는 생태 환경의 위기 속에서 피어나는 희망으로서의 시, 인간이 고도의 첨단산업사회를 지향하며 파괴하는 생태 환경에 대하여 깊이 성찰하며 윤리의식으로 메타포하는 작품으로서의 박경희 시인의 시를 심도 있게 분석하며 감상하고자 한다.

## 2. 따스한 생태적 시선, 정염의 회복 윤리

우선 박경희 시인은 자연을 대하는 시선이 따뜻하다. 시 창작에 있어 전반적으로 짧은 행과 비교적 넓은 여백을 채택하는 형식을 취함으로써 시적 대상인 이미지 사이에 간극을 두어 읽는 호흡을 느리게 만든다. 느린 호흡은 다시 사유의 시간을 만들어 깊은 정신세계로 빠져들게 하는데, 여기서 오감의 정염을 가을의 사물성과 접목하여 움직이는 화자와 함께 따라붙는 '그림자' 사이의 윤리적 문답으로 형상화한 시〈그림자〉를 소환해 본다.

> 아무래도 밟고 지나가야겠다
> 노란 은행잎 따라
> 저물어 가는 길 위를 걷는다
>
> 한 발자국 내디딜 때마다
> 그림자가 숨을 삼킨다
> 아프지 않냐고
> 내 마음을 먼저 묻는 듯
>
> 바람은 금빛으로 흩어지고
> 그림자도 은행잎 따라
> 나를 따라 멈춰 선다
>
> - 〈그림자〉 전문

이 시에서 핵심 시어로 등장하는 '노란 은행잎'과 '금빛 바람'이 고전적 가을 레퍼토리의 흔한 감상으로 치부되지 않도록 박경희 시인은 '그림자'에게 질문의 주체를 부여함으로써 감각의 균형추를 맞춘다. 자연을 관조하는 행위에 머무르지 않고 자연의 변화되는 장면 속에서 도덕적 자아를 호출한다는 점에서 이 시는 생태적 감수성과 윤리적 성찰의 접점을 잇는다. 특히 "밟고 지나가야겠다"는 생태적 윤리로서의 시의식은 낙엽을 밟는 사소한 촉감으로부터 타자의 '아픔'을 연상하는 순간, 인간 중심의 시선은 흔들리고, "내 마음을 먼저 묻는" 행위가 된다. 이 작은 전환이야말로 시가 일상 감각의 윤리적 재교육을 수행하는 방식으로 자리하는 이유가 되는 것이다.

그림자는 단순한 물리적 현상이 아니라, 발걸음마다 화자에게 질문을 던지는 존재, 즉 내면화된 양심, 혹은 자아의 또 다른 층위다. 그림자는 시각적 대상이지만, "숨을 삼킨다"는 촉각과 청각적 은유를 동원함으로써 그림자에 '목소리'와 '체온'을 부여한다. 그림자가 '말' 대신 '숨'을 삼킴으로써 응답하는 설정은 말의 명시성보다 말 없는 양심의 무게를 앞장세운다. 그 말 없는 압력은 "아프지 않냐고" 묻는 직접 화법으로 번역되며, 윤리적 질문으로써 "나의 한 걸음은 타자의 고통을 밟는 일인가"를 묻는 것이다.

결국 위 시 〈그림자〉는 계절의 이미지에서 출발해 윤리적 질문으로 귀결되는 사유의 단막극이며, 그 장면을 지탱하는 것으로 시각에서 청각으로의 정교한 전환, 절제된 행 분할, 그리고 여백의 여유롭고 간명한 호흡이라 하겠는데, 이러한 장치 덕분에 시는 단정한 미감 속에 묵직한 물음을 남긴다.

긴 겨울을 지나 다시
타오르는 불빛 하나
꺼질 듯 사라져도
스스로 길을 밝힌다

가슴 깊은 어둠 속
바람이 몰아쳐도

지지 않는 불씨 하나
나의 가슴으로 달려든다

언제나 어디서든
꺼지지 않는 그 불씨는
세상에 보내는 따스한 빛

재를 헤치며 일어나는 힘
그 불씨가
나를 살게 하는 이유가 된다

내 마음을, 내 삶을
오늘도 나는
내 안의 불로 걷는다

― 〈내 안의 불씨〉 전문

  위 시 〈내 안의 불씨〉는 제목부터 이 시집의 중심 메타포가 되며 표제시임을 강렬하게 선언한다. 불씨는 쉽게 꺼져 버리는 작은 빛이지만, 동시에 거대한 불길을 잉태하는 잠재성 높은 존재이다. 시는 "긴 겨울을 지나 다시/ 타오르는 불빛 하나/ 꺼질 듯 사라져도/ 스스로 길을 밝힌다"로 시작한다. '겨울'과 '불빛'의 대비 속에서 계절의 변화를 예고하는데, 여기서 '불씨'는 외부의 점화가 아닌 '자기 점화'의 속성을 드러낸다. 삶의 의지는 외부 보조가 아니라 내적 근거에서 새로워진다는 존재론적 명제가 깔린다. 다음 연에서 "가슴 깊은 어둠 속/ 바람이 몰아쳐도/ 지지 않는 불씨 하나/ 나의 가슴으로 달려든다"로 이어지는데, 불씨는 단순한 대상이 아니라 주체에 가까워진다. 불씨가 '달려든다'는 역동적 의인화는 의지의 능동성을 강조할 뿐만 아니라 '바람'이라는 고난과의 대결 구도를 만든다. 그리하여 "언제나 어디서든/ 꺼지지 않는 그 불씨는" 자기 구원에 머무르지 않고 "세상에 보내는 따스한 빛"이 되어 '타자 윤리'로 확장된다. 내 안에서 시작된 불은 세상을 비춘다. 이 벡터의 변화는 시인의 윤리적 상상력, 곧 개인적 의지의 사회적 발화 가능성을 보여준다. 결국 "재를 헤치며 일어나는 힘/ 그 불씨가/ 나를 살게 하는 이유가" 되며 불씨의 생장과 재생이 '재'를 헤치는 운동성으로 구체화된다. 재는 소진, 상실, 상흔의 메타포다. 그러나 박경희 시인은 바로 그 재 속에서 다시 일어서는 힘을 길어 올린다. 그렇게 상처의 잔해를 토대로 일어서는 회복의 윤리가 시 전체를 관통하는데, 마지막으로 "내 안의 불로 걷는다"고 당당하게 '존재'의 의미를 선언한다. 무엇보다 박경희 시인이 '불씨'를 "세상에 보내는 따스한 빛"으로 표출한 것은 개인적 회복이 곧 공동체적 온기의 조건이라는 정언에 가깝다. 회복과 배려의 결합은 오늘의 생태 환경적 위기 담론에서도 중요한 메시지다.

 한편 이 시의 은유 체계의 내부를 들여다보면, '겨울 → 어둠 → 바람 → 재'로 이어지는 역경의 흐름과, '불빛 → 불씨 → 빛 → 불'로 이어지는 소생의 흐름이 서로 대구를 이룬다. 역경의 흐름은 주로 자연과 환경의 물리적 이미지로, 소생의 흐름은 감정과 윤리의 에너지로 표상된다. 이때 '불씨'가 매개가 되어 두 흐름을 연결하는데, 외부의 역경은 내적 불씨를 도발하고 내적 불씨는 외부의 빛을 만든다. 이 상호 작용이 선순환을 반복적으로 환기해 독자의 체화를 도모한다. 조용하지만 단단한 언어가 자신의 호흡과 보폭을 조정하게 만드는 힘, 그것이 〈내 안의 불씨〉가 남기는 아름다운 잔광이다.

> 한낮 뜨거운 열기
> 기세가 등등하다
>
> 아스팔트는
> 뜨거움을 견디지 못해
> 비명처럼 일렁이고
>
> 공기마저
> 뜨거운 숨을 토해낸다
>
> 저 멀리
> 햇살이 아른거리는 길 위에
> 여름이 온몸으로 타오른다
>
> – 〈폭염의 기〉 전문

이 시 〈폭염의 기〉는 한여름 도시의 열섬 현상을 '감각의 과부하'로 번역해, 환경 변화가 몸의 체험으로 침투하는 과정을 보여준다. "한낮 뜨거운 열기/ 기세가 등등하다"며 자연 현상을 '기세'로 치환한다. 이어 "아스팔트는/ 뜨거움을 견디지 못해/ 비명처럼 일렁"인다고 메타포한다. '비명'은 소리의 이미지이지만, 여기서는 시각적 잔상(열기)의 '일렁임'과 결합하여 공감각적 이미지를 불러온다. 뜨거움은 단지 온도의 수치가 아니라 감각계 전체를 동요시키는 폭력으로 현현한다. 그리하여 "공기마저/ 뜨거운 숨을 토해낸다"며 생명의 호흡을 매개하는 공기를 투명한 매질의 행위자가 아닌 뜨거움을 내뿜는 행위자로 격상시키고는 시적 호흡을 원경의 프레임으로 전환하여 "저 멀리/ 햇살이 아른거리는 길 위에/ 여름이 온몸으로 타오른다"고 노래한다. 여기서 '여름'은 계절 이름에서 생명체로 변형되는데, 계절이 온몸으로 타오르는 순간 자연과 인간의 경계는 흐려지고 '몸'은 환경의 총체적 체험장이 된다.

이 시 〈폭염의 기〉는 언어의 절제미 또한 돋보인다. 수사는 단정하고, 문장은 짧고, 비유는 명료하다. 기후 재난의 관념을 과장 없이 구체 감각으로 가라앉히는 태도 덕분에 독자는 '뉴스'가 아닌 '체험'으로써 텍스트에 응답하게 된다. 이 점에서 박경희 시인은 생태 문학의 한 지향점으로써 환경 문제의 감각화를 실현한다. 아울러 "비명처럼 일렁이고", "뜨거운 숨을 토해낸다"는 어구들은 도시 인프라가 감당하지 못하는 과열의 징후를 드러낸다. 아스팔트의 '비명'은 인간의 신체가 미처 말로 호소하지 못하는 고통을 대리 표출한다. 폭염은 기온 상승의 지표가 아니라, 자연 세계와 신체가 동일한 '뜨거움의 표면'으로 접합되는 사건이다. 그런 의미에서 마지막 행 "여름이 온몸으로 타오른다"는 시적 화자 또한 그 타오름의 일부임을 암시한다. 독자는 시를 덮은 후에도 도시의 햇빛

아래에서 자신의 호흡과 땀, 그리고 보도블록에서 뜨겁게 피어오르는 열기를 하나의 '거대한 몸'으로 느끼게 된다. 바로 그 공감각의 공유가 이 시의 미학적 성취라 하겠다.

> 자색 목련 잎이
> 밤새 그리움에 타올라
> 아침을 연다
>
> 삶의 무게를 잠시 내려놓고
> 하얀 햇살 속에
> 깃털처럼 가벼운 마음으로
> 그리움을 품는다
>
> 타오르듯 피어오른
> 그리움의 향기
> 오늘도 내 영혼을 흔든다
>
> ― 〈그리움의 불꽃〉 전문

이 시 〈그리움의 불꽃〉은 그리움이라는 감정을 '연소의 법칙'에 빗대어 표출하였다. 1연 "자색 목련 잎이/ 밤새 그리움에 타올라/ 아침을 연다"에서, '목련'은 단순한 사물이 아니라 정서의 연소체가 된다. '밤새'라는 시간 부호는 그리움의 지속과 진전을, '아침을 연다'는 그 연소가 파괴가 아닌 '개화'임을 시사한다. 즉 그리움은 사라지는 감정이 아니라 새 날을 여는 에너지로 변이 되는 것이다. 2연 "삶의 무게를 잠시 내려놓고/ 하얀 햇살 속에/ 깃털처럼 가벼운 마음으로/ 그리움을 품는다"에서는 그리움의 역설을 말해 준다. 감당하기 힘에 겨운 삶의 무게는 잠시 내려놓되, 그리움은 오히려 '가벼운 마음'으로 품는다는 것. 이때 '햇살/깃털'의 상징어는 부유와 상승을 암시하여 그리움의 정조를 무거움이 아닌 가볍게 뜨는 '부양'으로 변주한다. 이어지는 3연 "타오르듯 피어오른/ 그리움의 향기/ 오늘도 내 영혼을 흔든다"에서 핵심 전환이 일어나는데, 향기는 보이지 않지만 확실한 존재를 가진다. 미묘하게 스며드는 향기의 속성을 통해, 시인은 그리움이 감각의 미세한 층위를 점유하는 과정을 보여준다. 그리고 그 향기는 '오늘도'에서 현재성을 획득한다. 과거의 잔향이 아닌, 지금 여기의 혼을 흔드는 동력, 결국 이 시는 그리움을 과거 회고의 정동이 아닌 현재를 진동시키는 에너지로 재구성한다.

　식물학적 맥락에서도 목련은 이른 봄의 전령으로, 찬 공기와 따뜻한 햇살 사이에서 터져 나온다. 그 과감한 개화의 순간을 '타오름'으로 명명한 것은 계절 감각의 정확한 포착이다. 동시에 '자색'과 '하얀 햇살'의 대비는 그리움의 다층성과 양면성을 드러낸다. 자색은 신비와 깊이를, 흰빛은 순도와 환기를 상징한다. 그리움은 무겁고 신비로운 깊이를 가지되, 동시에 순하고 맑은 환기로 자아를 들어 올린다.

　형식적으로 이 시는 짧고 맑은 행들로 구성되어 있어 과도한 수사를 피하면서 '그리움'처럼 자칫 상투적으로 들릴 수 있는 정서를 구체 감각(꽃잎, 햇살, 향기)과 물리학(타오름, 무게, 부력)에 기대어 갱신하는 전략이 돋보인다. 또한 "무게를 잠시 내려놓고"와 "깃털처럼 가벼운 마음"의 연결, "타오르듯 피어오른" 향기라는 혼성 메타포는 정서의 운동학을 섬세하게 묘사한다. 독자는 이 텍스트를 통해 '그리움'을 슬픔의 침전이 아니라 '나를 움직이는 떨림'으로 재섭취하게 된다.

〈내 안의 불씨〉가 '의지의 불'을, 〈폭염의 기〉가 '환경의 열'을 말한다면, 〈그리움의 불꽃〉은 '감정의 불'을 말한다. 같은 불이지만 작동하는 차원이 다르다. 의지의 불은 나를 앞으로 밀고, 환경의 열은 나의 몸을 흔들며, 그리움의 불은 나의 영혼을 흔든다. 이 삼중의 불은 시집 전체의 정서적 온도와 주제적 응집을 이룬다.

### 3. 기억을 품은 치유, 생태 회복의 윤리의식

한(恨)이 휘발되지 않고 남아 '묵직한 생명의 흔적'이 되는 이유는 그것이 누군가를 다시 살아가게 하는 약이 되기 때문이다. 시는 이렇게 상처의 기억을 모욕이나 원망의 순환으로 돌리지 않기 위해 시간과 자연의 언어를 끌어와 '치유의 회로'를 만든다.

박경희 시인은 시 창작에 있어 짧은 행과 넓은 여백으로 고통의 파문을 오래 머물게 하고, 단계적 명명을 함으로써 독자의 인지 과정을 차분히 안내한다. 상처의 미학을 '아름답다'고 포장하는 시가 아니라, 상처가 결국 타인을 위한 지혜로 환원될 수 있다는 윤리적 전망을 제시하는 것이다. 바로 박경희 시인의 시에서 상처를 지우지 않되 생태의 변이를 통해, 우리는 '기억을 품은 치유'라는 생태 회복의 윤리를 배우게 된다.

삼각형 잎사귀의 가시가
살갗을 스치면
따끔한 상처로 남는다

미움과 원망의 흔적도
꽃망울 속에 담겨
흔적처럼 피어난다

그 한은
전설 속 시간을 지나
조용히 약초가 된다
치유와 기억이 섞인
묵직한 생명의 흔적

- 〈가시 속의 꽃〉 전문

 이 시는 '상처의 기억'을 어떻게 '치유의 지혜'로 바꿀 수 있는가에 관한 서정적 실험이다. 1연의 "삼각형 잎사귀의 가시가/ 살갗을 스치면/ 따끔한 상처로 남는다"는 감각의 생생함으로 독자의 피부를 먼저 호출한다. 여기서 '삼각형 잎사귀'의 기하학적 묘사는 시선을 날카롭게 세우는 시각적 장치다. 촉각(따끔함)과 시각(삼각형), 그리고 짧은 행과 공백이 결합되며 '찌름 → 멈춤 → 잔상'의 회화적 변화가 생긴다. 이런 변화를 거쳐 2연에서 "미움과 원망의 흔적도/ 꽃망울 속에 담겨/ 흔적처럼 피어난다"고 표출함으로써 감정의 잔흔이 생명의 기제로 편입되는 역설을 제시한다. 원망은 파괴가 아니라 '꽃망울'이라는 생장 가능성 안으로 들어가서 상처와 생장, 통증과 개화가 같은 자리에서 만나는 이 장면은 고통의 기억을 잊어야 할 대상으로 보지 않고 '변환되어야 할 에너지'로 보는 시인의 순기능적 시선을 보여준다. 무엇보다 결정적인 대목은 3연의 "그 한은/ 전설 속 시간을 지나/ 조용히 약초가 된다/ 치유와 기억이 섞인/ 묵직한 생명의 흔적"이다. 한(恨)이라는 가슴 속 깊은 감정을 시간의 강을 건너게 하고 그 건너편에서 '약초'로, 즉 누구에게나 쓰일 수 있는 치유의 지식으로 전환한다.

> 똑똑
> "누구세요?"
>
> 희망이 부르는 소리에
> 화들짝
> 내 마음이 깨어난다
>
> 갇혀 있던 어리석은 생각들을
> 조심스레 풀어내며
>
> 접혀 있던 희망을
> 다시금 펼쳐본다
>
> – 〈내 안의 소리〉 전문

이 시 〈내 안의 소리〉의 힘은 경쾌한 구두(口頭) 리듬과 심리의 단계적 회복을 일상적 장면에 빗대어 그려낸 데서 강하게 느껴진다. 첫연의 "똑똑/ 누구세요?"는 문을 두드리는 소리와 응답으로, 독자들로 하여금 즉시 시적 공간으로 끌어들이는 묘미가 있다. 외부에서 들려온 '노크'는 사실 외부가 아니라 내면의 희망이 스스로를 호출하는 신호다. 이어서 "희망이 부르는 소리에/ 화들짝/ 내 마음이 깨어난다"에서는 '부르는 소리'의 떨림의 감각성이 도드라진다.

  희망은 개념어가 아니라 떨리는 소리, 즉 살아있는 촉감으로 변환되어 마음을 흔든다. 곧이어 "갇혀 있던 어리석은 생각들을/ 조심스레 풀어내며// 접혀 있던 희망을/ 다시금 펼쳐본다"고 마무리하는데, 여기서는 수동으로 접혀 있던 희망이 능동의 동작으로 펼쳐보는 운동감이 돋보인다. "갇혀 있던" 생각을 "조심스레 풀어내며" "접혀 있던 희망을/ 다시금 펼쳐본다"고 함으로써 우울·단념·자책 같은 내적 감금 상태가 섬세한 자기 돌봄의 동작을 통해 풀리는 과정을 단계적으로 보여준다.

  시의 주제는 매우 큰 그릇을 호출했지만 표현은 일상적이며 가볍게 그려냈는데, 이는 회복이 거창한 결심이나 영웅적 행위가 아니라 아주 작은 호출에 응답하는 일임을 일깨운다. 예컨대 '문을 열어주는 동작'에서 시작된다는 통찰을 강화한다거나 '내 안의 소리'가 외부의 권고나 타인의 압박이 아닌, 자신이 자신에게 보내는 신호라는 점에서 이 시는 자율과 자존의 윤리를 품는다. 결과적으로 〈내 안의 소리〉는 자기 회복의 상상력을 가장 평이한 언어와 경쾌한 리듬으로 살려낸 시라 평하고 싶다.

들길 따라 파수꾼처럼
길목을 지키는 너

내 어머니처럼 질경질경
인생의 고난을 잘 이겨내는 삶

나그네 발길에
씨앗은 멀리멀리
생명을 퍼뜨리고

가느다란 실 줄기
밟히고 밟히면서도
유연함으로 지켜내는 끈기

은은한 빈터
채워주는 존재감

— 〈질경이〉 전문

　질경이는 밟히고 또 밟혀도 다시 일어나는 생명력 강한 식물로 잘 알려져 있다. 박경희 시인의 시 〈질경이〉는 그런 상징어를 삶의 윤리로 확장한다. "들길 따라 파수꾼처럼/ 길목을 지키는 너"에서 질경이는 자연의 파수꾼이자 소박한 경계인으로 등장한다. '파수꾼'이라는 지위로 낮고 작은 존재에게 사회적 역할을 부여함으로써 식물의 존재감을 도덕적 언어로 상승시킨다. 이어 "내 어머니처럼 질경질경/ 인생의 고난을 잘 이겨내는 삶"이라 상찬하여 질경이는 곧 어머니의 이미지로 겹쳐진다. '질경질경'이라는 의태어는 씹는 동작을 연상시키지만, 여기서는 끈기와 버팀의 시간 감각을 만들어 질경이의 생태적 습성을 모성의 인내로 메타포한다. 3연에서는 "나그네 발길에/ 씨앗은 멀리멀리/ 생명을 퍼뜨리"며 타자의 이동이 오히려 생명을 확장하는 매개가 됨을 보여주는데, 상처와 교란이 곧 확산의 조건이 되는 생태학의 사실을 정확히 포착한 부분이다. '가느다란 실 줄기/ 밟히고 밟히면서도/ 유연함으로 지켜내는 끈기"로 힘의 미학이 뒤집히고 강함은 단단함이 아니라 유연함이며, 생존은 저항이 아니라 굴절과 수용으로 가능하다는 것을 내비친다. 마지막으로 "은은한 빈터/ 채워주는 존재감"에서 질경이는 화려하게 드러나지는 않지만, 비어 있는 곳을 은은히 채우는 배경의 힘을 가지고 있음을 당당하게 그려낸다.

박경희 시인이 시 〈질경이〉에서 시적 인식을 생태적 관찰에서 출발하여 사회적 윤리로 귀결시키는데, 밟히는 자가 사라지지 않고 오히려 생명을 끈질기게 퍼뜨리는 장면은 오랜 시간 동안 낮은 자리에서 버텨온 수많은 사람들의 기록과 오버랩 된다.

질경이는 '영웅적 저항'의 메타포가 아니라 일상의 생활에서 유연함을 가르치는 식물이다. 즉, 넘어지면 휘어지되 꺾이지 않고, 밟히면 씨앗을 더 멀리 보내는 방식으로 삶을 지속하라는 관대한 권유를 한다. 생태의 언어로 말해 교란(disturbance)은 파괴만이 아니라 재생의 계기일 수 있음을 질경이는 직접 몸으로 증언하는 것이다.

단풍나무에 불이 붙었다
벌겋게 타오른 단풍잎이
길 위에 수북하게 쌓인다

아가야
가까이 가지 마라

불길 속을 스치듯
조심스레
옷에 불이 붙는다
가을의 뜨거운 숨결처럼

잎마다
타오르는 열정과
짧게 빛나는 생의 온도를 담아
오늘도 가을은 불타고 있다

― 〈가을, 붉게 피다〉 전문

  이 시 〈가을, 붉게 피다〉에서는 우선 제목에 붙은 쉼표가 눈에 들어온다. 쉼표는 멈춤이자 여백으로서 가을의 깊이를 호흡하게 하는 장치로 자리한다. "단풍나무에 불이 붙었다/ 벌겋게 타오른 단풍잎이/ 길 위에 수북하게 쌓인다"에서 가을은 즉각적인 화염의 계절로 변신한다. 불은 위험의 메타포이기도 하지만, 여기서는 생의 절정과 소멸의 동시성을 함축한다. 타오르는 잎사귀는 곧 떨어지고 길 위에 쌓이는 붉은 낙

엽은 화려함의 끝이자 퇴적된 시간에 잠긴다. 이 불의 이미지 한복판에서 "아가야/ 가까이 가지 마라"라는 경고가 등장한다. 다름 아닌 시적 공간에서 돌봄의 관계를 등장시키는 바인데, 이렇게 경외의 아름다움이 생길 때는 거리와 절제도 요구한다. "불길 속을 스치듯/ 조심스레/ 옷에 불이 붙는다/ 가을의 뜨거운 숨결처럼" 진하게 물든 단풍의 아름다움이 무해하지 않음을 상기시킨다. 가을의 열정은 사람을 물들이고, 때로는 가슴 속 깊이 데이게도 한다. 이 장면에서 '불길'과 '숨결'이 나란히 놓이는 것은 자연의 생명력과 위험이 분리되지 않음을 보여주는 것이다. 결론적으로 마지막 연에서 "잎마다/ 타오르는 열정과/ 짧게 빛나는 생의 온도를 담아/ 오늘도 가을은 불타고 있다"고 그 누구도 피할 수 없는 메멘토 모리(Memento mori)를 명징하게 선언한다. 잎마다 담긴 붉은 색은 색채가 아니라 온도다. 생의 온도는 짧게 빛나며 사라진다. 그리하여 박경희 시인의 시 〈가을, 붉게 피다〉는 가까이 가되 '조심스레' 보라고 타이르는데 경외와 절제의 윤리적 요소나 또 감탄과 안전의 균형이 바로 이 작품의 핵심 메시지가 된다.

형식적으로도 이 시는 짧은 행과 단정한 서술, 명확한 이미지로 고전적 서정의 품격을 갖추고 있다. 불의 은유를 과장하거나 미화하지 않고, 돌봄의 언어를 끼워 넣음으로써 시는 감탄의 감정이 타인의 안전과 어떻게 공존해야 하는지를 보여준다. 특히 어린아이를 부르는 호명은, 시의 독자가 '아름다움을 전해줄 다음 세대'임을 상기시키는 장치로도 읽힌다. 아름다움은 누릴 가치이며, 동시에 다루어야 할 책임을 동반

한다. 결국 〈가을, 붉게 피다〉는 '아름다움 → 위험 → 돌봄'의 삼각 구도를 단풍의 현장감으로 정교하게 엮어 가을에 대한 시선을 한층 더 성숙하게 만든다.

## 4. 나가면서

 이상 박경희 시인의 시 몇 편을 일반적인 순수 서정의 감상이라는 관점보다 박경희 시인 스스로가 시대적 사명을 띠고 추구하는 생태 환경의 오염을 고발하고 치유의 역할을 수행하는 관점으로 분석해 보았다. 무엇보다 AI 첨단산업사회에서 그 선두를 지향하는 우리나라의 산업 현실 앞에서 급격히 변화하는 생태 환경을 개선하는 것이 시대정신임을 유념하고 열심히 활동하는 박경희 시인, 이번에 상재하는 처녀시집 《내 안의 불씨》에 수록되는 시 84편 모두가 형식적으로는 매우 간결하면서도 의미의 무게를 여백에 맡기는 전개가 고품격의 감상미를 안겨준다. 각각의 시가 제안하는 서정성과 목적성을 동시에 담는 방식은 거대한 담론보다는 조용한 수용으로써 소중한 가치를 지닌다. 아무튼 생태 환경시라는 새로운 시적 장르를 다져나가는 박경희 시인에게 힘찬 박수를 보내며, 생태 환경 관련 최고의 시인으로 우뚝 자리하시길 기대해 본다.

## 내 안의 불씨

지은이 / 박경희
발행인 / 김영란
발행처 / **한누리미디어**
디자인 / 지선숙

•

08303, 서울시 구로구 구로중앙로18길 40, 2층(구로동)
전화 / (02)379-4514, 379-4519
Fax / (02)379-4516
E-mail/hannury2003@daum.net

•

신고번호 / 제 25100-2016-000025호
신고연월일 / 2016. 4. 11
등록일 / 1993. 11. 4

•

초판발행일 / 2025년 11월 25일

•

ⓒ 2025 박경희 Printed in KOREA

•

값 12,000원

※잘못된 책은 바꿔드립니다.
※저자와의 협약으로 인지는 생략합니다.

ISBN 978-89-7969-911-1  03810